일과 사람
13 채소 장수

순분 씨네 채소 가게

정지혜 쓰고 그림

사계절

우리 엄마랑 아빠는 날마다 새벽같이 일어나.
부릉부릉 화물차를 타고 농산물 도매 시장에 가.

도매 시장은 깜깜한 새벽에도 대낮처럼 환해.
밤사이 곳곳에서 온 채소가 가게마다 그득그득 쌓여 있어.
엄마랑 아빠는 여기서 채소를 사다가 우리 가게에서 팔아.
할머니 때부터 다니던 단골 가게도 여럿 있대.
우리 할머니랑 엄마, 아빠는 채소 장수야.

여기는 우리 마을 햇빛 시장.
빵 굽는 냄새가 구수하게 풍겨.
아침밥을 먹었는데도 침이 꼴깍 넘어가.
"순분 씨 나오셨네. 동이도 왔구나."
빵집 아저씨가 할머니랑 나를 보고 반가워해.
옷 가게 아줌마는 진열대에 옷을 내다 걸고,
정육점 쌍둥이 아저씨는 흥얼거리면서 고기를 손질해.
가게마다 문 열고 물건 내놓는 소리가 들려.
지금쯤이면 엄마랑 아빠도 가게에 오셨을 거야!

절거덕절거덕 철문 올리는 가게들을 몇 개 지나왔어.
다 왔다! 여기가 우리 가게야. 순분 씨네 채소 가게!
순분 씨가 누구냐고? 바로 우리 할머니.
할머니는 삼십 년 동안 여기서 채소를 팔았어.
몇 해 전부터는 낮에 잠깐씩만 나오고
가게는 엄마랑 아빠가 맡아서 해.
엄마랑 아빠는 가져온 채소를 내리고 정리해.
할머니는 채소들이 싱싱한지,
무른 건 없는지 다시 한 번 살펴.
"입에 들어갈 거니까,
깨끗하고 좋은 걸로 팔아야지!"
할머니가 늘 하는 말이야.

엄마가 준비물을 챙겨서 바구니 앞에 앉아. 이제 일을 시작한다는 신호지. 손님들이 몰려오기 전에 할 일이 많거든. 아빠랑 할머니랑 나도 서둘러 준비물을 챙겨.

"앞치마 두르고, 장갑을 껴."

"돈주머니를 허리춤에 차. 비닐봉지 꾸러미는 옆구리에 차."

"조끼 주머니에 수첩, 연필, 장갑이 있어."

"짠, 내 모자 멋지지?"

저울
채소 무게를 달 때 써.

돈주머니
할머니가 삼십 년 동안 쓴 거야. 지금은 엄마한테 물려주었어. 돈주머니는 낡고 오래될수록 복이 들어온대.

접시와 봉지

칼
채소를 다듬을 때 써. 날마다 숫돌로 갈아서 써. 하도 많이 다듬어서 금방 닳아.

고무 대야

바구니

비닐 포장 기계

비닐봉지
손님들한테 채소를 담아 줄 때 써. 크기대로 갖추어 놓았어.

장사 준비는 이렇게!

"다듬어 놔야 보기 좋고 잘 팔려."

엄마는 채소를 내놓기 전에 미리 다듬어. 끝이 시든 데를 떼어 내.

"조금씩 사 가야 싱싱한 걸 먹지."

고추나 버섯은 봉지에 담아 놔. 손님들이 몰릴 때 채소 담는 시간을 줄일 수 있지.

"요렇게 하면 마르지 않아서 좋아."

쑥갓이나 상추는 신문지를 덮고 물을 조금 뿌려 둬.

"가지는 다섯 개 이천 원."

"이…천…"

"너무 비싸면 안 팔려. 너무 싸면 남는 게 없지."

얼마에 팔지 값을 정해. 도매 시장에서 사 온 값에다 화물차 기름값, 가겟세, 우리 식구가 일한 것까지 다 따져서 정해.

"아빠, 채소 다 실었어?"

"응, 식당에 갖다 주고 올게."

오늘은 근대가 아주 싱싱한가 봐.
엄마가 맨 앞줄 잘 보이는 자리에
두는 걸 보니 말이야.
"요 귀여운 아기가 먹을 거구나.
좋은 놈으로 골라 줄게. 쑥쑥 커라!"
첫 손님이 오니까 엄마랑 할머니가 아주 반가워해.
첫 장사를 잘하면 하루 종일 장사가 잘된다는 말이 있대.
"우리가 첫 손님인가 봐요. 꼭 사야겠네!"
엄마는 고마워서 덤으로 가지 하나를 더 담아.

아빠는 지금쯤 동네를 한 바퀴 돌고 있을 거야.
단골 식당에서 채소를 미리 주문하면 아빠가 아침마다
갖다 주거든. 참치 식당처럼 문을 늦게 여는 곳도 있어.
괜찮아, 약속한 비밀 장소에 두고 오면 돼. 배달이 끝나면
골목골목을 다니면서 채소를 팔고 돌아와.

할머니랑 미용실에 왔어.
할머니는 꼬불꼬불 파마를 하고, 나는 앞머리를
돌돌 말았어. 이따가 중요한 일이 있거든.
엄마는 손님들한테 둘러싸여 있네. 장사가 잘되나 봐.
"호박죽 끓이려고 하는데 실한 걸로 골라 줘요."
"마늘장아찌는 어떻게 담가야 맛있나?"
손님들이 엄마한테 채소 고르는 법이나
요리법을 많이 물어.
엄마는 척척박사처럼 다 알려 줘.

특히 제철에 나는 채소를 많이 먹으라고 자주 말해.
제철 채소가 맛도 좋고, 영양도 많고, 값도 싸거든.

채소 장수는 맨날 좋은 채소만 먹을 것 같지?
그런 날은 손님이 오셨거나
할머니 생신날뿐이라고!
보통은 팔기에 좀 못났거나 자잘한 채소로
반찬을 해 먹어. 오늘은 봄동 겉절이야.

나는 또 채소밖에 없냐고 삐죽거렸어.
할머니는 채소 먹고 예뻐졌다며 군소리 말고 먹으래.
앗, 신흥 반점 아저씨다! 짜장 양념을 가져왔어.
가끔 배달 가는 길에 가게에 들러 짜장 양념을 줘.
아저씨도 우리 가게 단골이야. 정말 맛나겠지? 오늘은 밥 두 그릇이다!

"아, 아, 상인회에서 알려 드립니다!
곧 시장 광장에서……."
드디어 방송이 나왔다! 할머니랑 나는
며칠 전부터 오늘만 기다렸어.
서둘러 가다가 그만 은행 언니랑
꽝 부딪쳤지 뭐야!
"언니, 미안해요."
언니는 괜찮다면서 웃어 주었어.
은행 언니는 하루에 한 번
시장을 돌면서 은행 일을 봐 줘.
시장에서 일하는 사람들은 바빠서
은행에 가기가 어렵거든.
우리 엄마도 날마다 꼬박꼬박
언니한테 저금할 돈을 보내.

아이코, 늦었네.
벌써 노래자랑을 시작했어.
잔치가 벌어졌어!
쿵쿵짝 쿵짝쿵짝!

"참가 번호 십이 번,
할매 대장 순분 씨와 귀염둥이 동이!"
드디어 우리 차례야. 우리는 일 등도 이 등도 필요 없어.
삼 등이 목표야. 상품이 자전거거든.
나는 카랑카랑 노래하고, 할머니는 실룩실룩 춤추고!
구경하던 사람들도 하나둘 일어나서 춤을 춰.
우리 할머니 친구인 진노미 할머니가 가장 좋아하시네!
큰 마트들이 생기고 나서 시장에 오는 사람이 적어졌어.
그래서 사람들을 불러 모으려고 노래자랑을 여는 거래.

인기상을 받았어. 상품은 시장 상품권이야.
나는 속상한데 할머니는 좋아해. 상품권으로 아까 본 꽃신을 살 거래.
가게에 왔더니 국숫집 아줌마랑 현정 아줌마가 와 계셔.
현정 아줌마는 우리 가게 단골이야.
지금은 옆 마을로 이사를 갔는데, 장을 볼 때는 우리 시장으로 와.
흥, 엄마는 내 기분도 몰라주고, 아줌마들이랑 깔깔 웃고 있어.
어휴, 어쩔 수 없지. 우리 가게는 햇빛 시장 사랑방이니까!

시장에 사람들이 몰려들기 시작하고 있어.
저녁거리를 사려고 손님들이 올 시간이거든.
우리도 준비 다 마치고, 손님을 불러 모아.
"호박, 시금치, 얼갈이, 깻잎, 싱싱하고 맛 좋아요!"
엄마는 귀에 쏙쏙 들리게, 장단에 맞추어 노래하듯이 소리쳐.
여기저기 가게마다 목청껏 손님을 불러.
시장이 들썩들썩해.

손님들이 한꺼번에 몰려들어도 엄마는
어떤 손님이 먼저 왔는지 다 알아.
손에 저울이라도 달렸는지
상추든 깻잎이든 달라는 만큼 딱딱 쥐어.
머릿속에 계산기가 든 것처럼 값도 척척 계산해.

손님들이 장바구니에
채소를 가득 넣고 집으로 돌아가.
그걸로 무엇을 해 먹을까?
엄마가 알려 준 요리법을
잊어버리지는 않겠지?

신흥반점 아저씨는 양파를 듬뿍 넣고 맛있는 **짜장 양념**을 만들겠지.

가을이 언니는 엄마한테 드리려고 처음으로 **카레**를 만들어 본대.

영란이 아줌마는 마늘로
짭조름한 **장아찌**를 담그고.

동철이네 할머니는 호박을 사 갔지.
내 친구 동철이는 호박죽 먹겠구나. 으엑!

정순이 할머니는
얼갈이배추로 조물조물 **나물을 무칠 거야.**

찬민이네 집은 오늘 아빠가 요리사래!
채소 볶음을 한댔는데, 맛나게 할 수 있을까?

문 닫을 시간이 다가와. 손님도 뜸해졌어.
엄마는 두부 가게 근식이 엄마한테 가서 두부를 샀어.
빈대떡집 아저씨한테는 김치전을 얻고 고마워서 고추를 드렸어.
시장 사람들은 이제야 장을 보는 거야. 남은 물건을 서로 바꾸거나 나누기도 해.
우리 가게 맨 마지막 손님은 지화자 할머니 부부야. 삼십 년 넘게 찾아오는
손님이래. 할머니는 지화자 할머니가 좋아하는 걸 따로 챙겨 두기도 해.
할머니가 그러는데, 장사는 손님이 계속 찾아와 줘야 할 수 있대.

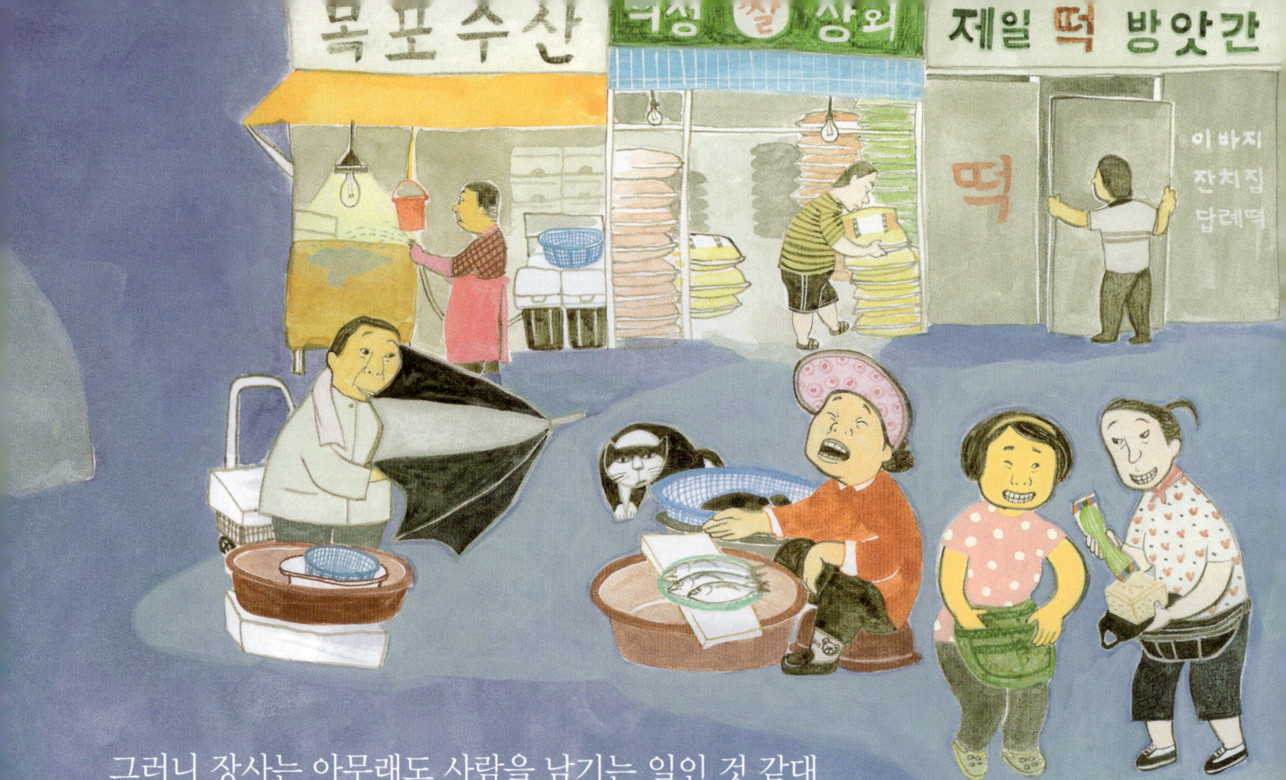

그러니 장사는 아무래도 사람을 남기는 일인 것 같대.
오래 보는 귀한 손님도 있고, 정을 나누는 상인들도 있다고.

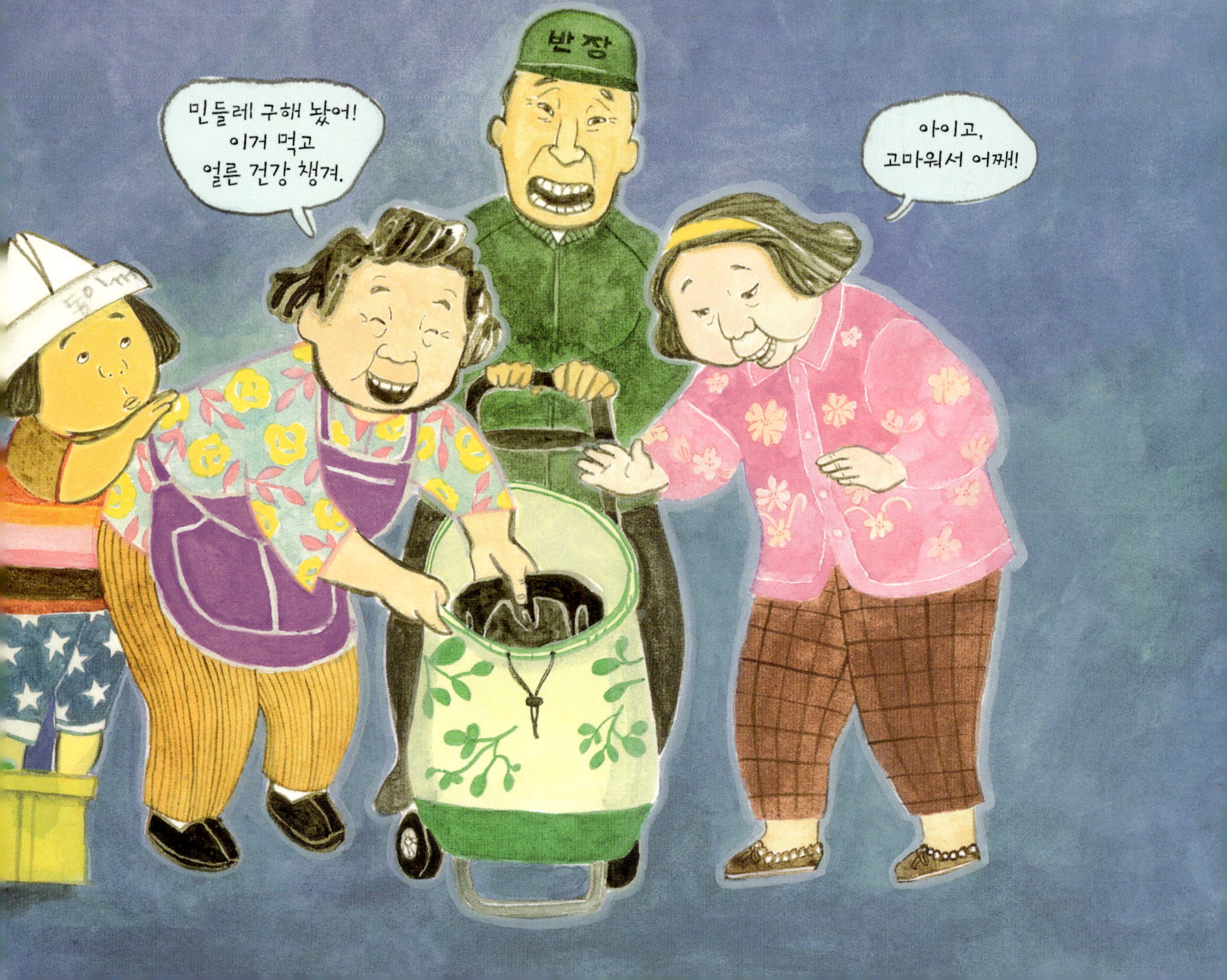

민들레 구해 놨어!
이거 먹고
얼른 건강 챙겨.

아이고,
고마워서 어째!

시끌벅적하던 시장이 조용해졌어.
엄마, 아빠는 장사를 마치고 뒷마무리를 해.
남은 채소는 신문지를 덮어서 바람이
잘 통하는 곳에 둬. 어떤 것은 냉장고에 넣어.
선풍기랑 불을 끄는 것도 잊지 말아야 해.

하암, 나는 자꾸만 눈이 감기네.

우리 가족은 채소 장수야.
마을 사람들한테 싱싱한 채소를 팔아.
잠결에 엄마랑 할머니가 고로롱 코 고는 소리가 들려.
아빠가 녹음하는 소리도 들리네.
꼭 노랫소리 같아.

아, 아, 아!
영양 많은
호박이 왔어요!

순분 씨네 채소는 어디서 올까?

밭
농부가 채소를 키워. 밭에다 씨를 심고, 물과 거름을 주면서 정성껏 길러.

집하장
여러 농부들이 거둔 채소를 한데 모아. 배추는 배추끼리, 무는 무끼리 묶어서 상자에 담아.

공판장
여러 지역에서 온 채소를 한데 모아서 팔아.
물건을 내놓고, 값을 가장 높게 부르는 사람한테 파는 거야.
좋은 물건은 값이 높게, 덜 좋은 물건은 낮게 정해져.
도매 시장 상인들이 채소를 사러 와.

도매 시장
여기는 채소만 파는 큰 시장이야.
한꺼번에 많은 양을 팔아서 값이 싸.
마을 시장 상인이나 음식점에서 사러 와.

소매 시장
마을에 있는 시장이야. 사람들은 멀리 가지 않고도 채소를 살 수 있어. 식구들 먹을 만큼만 사면 돼.

사람이 사는 곳에는 시장이 있어

물고기를 구하려고 바다로 가지 않아도 돼!

아주 옛날에 사람들은 채소를 기르거나 고기를 잡아서 먹었어. 옷이나 신발도 손수 지었지. 그때는 이웃들과 물건이나 먹을거리를 바꾸어 필요한 걸 얻기도 했어. 그런데 늘 딱 맞게 바꿀 수 있는 것은 아니었어. 나는 달걀과 배추를 바꾸고 싶어. 그런데 배추를 많이 가진 사람은 달걀이 필요 없대. 그러면 바꿀 수가 없잖아. 그래서 시장이 생겼어. 여러 마을 사람들이 한데 모여서 서로 원하는 것을 바꿀 수 있게 되었어.

그러다 보니 돈이 생겼어. 이제 돈을 받고 배추를 팔고, 그 돈으로 달걀을 사는 거야. 처음에는 조개껍데기나 소금 같은 게 돈 구실을 했어. 농사를 짓지 않고 옷감만 만들거나 그릇만 만드는 사람도 생겼어. 또 물건을 팔기만 하는 사람도 생겼지. 바로 상인들이야. 동이네 식구들처럼 말이야. 다른 사람이 지은 물건을 사서 필요한 사람한테 파는 거야. 덕분에 산에 사는 사람은 멀리 가지 않고도 바닷물고기를 먹을 수 있게 됐어.

물건과 사람이 모이니 더 재미나다!

시장에는 온갖 물건과 사람이 모이니까 재미난 일도 참 많아. 꼬맹이들은 맛난 먹을거리에 마음을 빼앗겼지. 처녀들은 예쁜 옷감이며 장신구를 정신없이 구경했어. 농사짓는 아저씨들은 대장간에서 낫이며 호미 같은 농기구를 사기도 하고 고치기도 했어. 씨름판도 벌어지고, 북 치고 장구 치며 노는 놀이패도 볼 수 있었지.

이렇게 사람이 모이다 보니 입에서 입으로 여러 가지 소식도 전해졌어. 건넛마을로 시집간 뒷집 큰언니를 만나기도 하고, 소금 장수 총각이 다리를 다쳤다는 소식도 들을 수 있었지. 그뿐인가. 임금님이 나랏일을 잘하는지 못하는지도 입에서 입으로 돌았어.

사람이 더 많아지고 도시와 교통이 발달하면서 골목골목마다 가게가 생겼어. 큰 슈퍼마켓과 백화점도 나타났어. 가만히 앉아서도 전화나 인터넷으로 물건을 살 수 있게 되었지.

그래도 시장은 여전히 많은 사람들이 모이는 곳이야. 여러 가지 물건을 구할 수 있고, 재미난 구경거리가 풍성해. 시장을 가만히 들여다보면 그 시대 사람들이 살아가는 모습을 한눈에 알 수 있어.

한 가지만 파는 시장!

시장에는 없는 물건이 없지. 그런데 딱 한 종류 물건들만 파는 시장도 있어.
동이네 엄마 아빠가 새벽마다 가는 채소 도매 시장처럼 말이야. 거기에는
양파 가게, 배추 가게, 오이 가게 들이 주르르 모여 있어. 또 생선 가게 아저씨가
물건을 떼러 가는 수산물 시장도 있지. 거기서는 물고기나 해산물만 팔아.
이런 시장에는 마을 시장에서 살 수 없는 물건도 많아. 같이 구경해 볼래?

머리에서 발끝까지
옷 시장

옷 가게 아줌마가 일주일에 두 번씩 가는 곳이야.
머리에서 발끝까지 우리가 입는 것들이 다 있거든.
가방도 신발도 살 수 있어. 또 옷감도 있고, 단추랑
지퍼도 팔지. 가게도 많고 물건도 많아서
눈이 팽팽 돌아.

이곳에서 살고 싶은
장난감 시장

장난감이란 장난감은 여기 다 있네! 인형, 로봇,
불자동차, 가면이며 풍선이며 없는 게 없어.
학용품도 팔아. 색연필, 물감, 공책, 예쁜 스티커도
팔지. 학교 앞 문방구 아저씨가 물건을 어디서
사 오는지 알겠지?

눈도 코도 즐거운
꽃 시장

가게마다 예쁜 꽃을 팔아. 화분에 담긴 꽃도 팔고,
꽃다발 만드는 꽃도 팔아. 푸릇푸릇한 나무도 팔고,
꽃씨도 팔고, 흙도 팔아. 햇빛 시장 꽃집 아저씨도
이곳에 와서 꽃을 사다 팔아.

음악 좋아하는 누나, 오빠들이 한 번은 가 본
악기 시장

악기만 파는 가게들이 몇백 개나 모여 있어. 와, 무슨
기타 종류가 저렇게 많아? 리코더도 팔고, 바이올린,
하모니카, 트럼펫, 피아노, 드럼, 거문고, 장구도 팔아.
음악을 녹음하는 기계도 팔지. 악보도 살 수 있어. 고장
난 악기를 고쳐 주기도 해.

보기만 해도 군침이 도는
과일 시장

과일만 파는 시장이야. 안성에서 기른 포도, 상주에서 온 사과, 나주에서 온 배가 아주 싱싱해. 상자째 팔아. 크기에 따라 값이 많이 달라. 햇빛 시장 과일 가게 아저씨는 너무 크지도 작지도 않고, 너무 비싸지도 싸지도 않은 과일로 사 와. 손님들이 그런 과일을 많이 찾거든.

별 게 다 약이 되는
약재 시장

약재 시장은 몸에 좋아 약이 된다는 온갖 재료를 팔아. 감기 예방에 좋다는 귤껍질, 눈에 좋다는 결명자, 피를 맑게 한다는 버섯, 그리고 헛개나무 열매, 도꼬마리, 옻나무, 목련 꽃봉오리, 장미, 감초 같은 갖가지 약초가 다 있어. 마을 시장에서는 보기 어려운 것들이 많지. 여기는 할머니, 할아버지 손님이 많이 오셔. 무슨 풀이 어디에 좋은지 잘 아시거든.

엄마가 즐거워하는
그릇 시장

밥그릇, 국그릇, 찻잔, 접시, 냄비, 부엌에서 쓰는 거라면 다 있어. 유리로 된 것, 도자기로 된 것, 쇠로 된 것들이 종류도 많아. 엄마를 따라 그릇 시장에 가면 다리가 많이 아플걸? 엄마들은 예쁜 그릇을 샅샅이 구경하고 나서야 사거든.

바다 냄새 나는
수산물 시장

바다랑 강에서 나는 먹을거리는 여기 다 있어. 오늘 새벽에 잡아 올린 물고기와 해산물을 살 수 있어. 우리는 보통 햇빛 시장 생선 가게 아저씨가 여기서 사 온 물고기를 먹지. 그런데 엄마가 간장 게장을 담글 때는 수산물 시장으로 가. 많이 살 때는 여기서 사는 게 싸거든.

작가의 말
맛있고 신기한 시장에 가자!

우리 엄마랑 아빠도 채소 장수였어. 큰 도매 시장에서 양파를 팔았어. 우리 가게 손님이 동이네 엄마 아빠처럼 마을 시장에서 채소를 파는 분들이었지. 그래서 채소 장수에 관한 그림책을 쉽게 만들 수 있을 거라고 생각했어.

그런데 막상 이야기를 짜려고 하니까, 너무 어려웠어. 시장에서 물건 사고파는 일이 재미날 게 없어 보였어. 이걸 어떻게 재미나게 만들지? 머릿속이 복잡했어.

그래도 시장 구경은 즐거웠어. 사진기 들고 망원 시장도 가고, 수유 시장도 가고, 구로 시장도 가 보았지. 그렇게 다니다 보니, 어릴 적 엄마랑 할머니랑 자주 가던 시장이 떠올랐어. 내가 살던 동네에는 '말죽거리 시장'이 있었어. 가장 좋아하던 집은 어묵집! 갓 튀긴 뜨거운 어묵이 참 야들야들하고 맛있었어. 어묵을 사서 집으로 가는 그 사이도 못 참고 야금야금 꺼내 먹곤 했지. 언제나 파란색 눈 화장을 했던 과일 가게 아주머니도 떠올라. 그 집 아저씨는 몸이 아파서 한쪽 팔다리가 불편했어. 그래도 끼니때가 되면 늘 시장에 오셨어. 불편한 팔에 도시락을 걸고 조심스레 걸어와서 아줌마와 정답게 밥을 드셨지. 우리 할머니는 단골 가게에서 물건을 사면서 그 잠깐 사이에 이런저런 이야기를 나누곤 했어. 윗집 아기 엄마 칭찬도 하고, 뒷집 아저씨 흉도 봤어. 아마 가게 주인들은 우리 형제가 몇 명이고, 어느 학교에 다니고, 공부를 잘하는지 못하는지도 다 알았을걸?

이런 기억이 떠오르자 시장이 달리 보이기 시작했어. 시장은 물건만 사고파는 곳이 아니라, 이야기가 오가고 정이 오가는 곳이더라고. 손님이 많은 가게와 적은 가게도 눈여겨보았지. 저 과일 가게는 과일이 참 크고 좋은데 너무 비싸서 손님이 적구나.

어머, 저 채소 가게 총각 좀 봐. 가락 넣어 손님을
부르니 장사가 잘돼. 생선 가게 아주머니는
단골손님하고 호호 깔깔 웃으면서 무슨 이야기를
하는 걸까? 아, 재미나! 이야깃거리가 뭉게뭉게
떠올랐어.

이 책을 만드는 동안 나는 결혼을 하고 살림을
시작했어. 집 가까이에 시장이 없어서 커다란 마트로
장을 보러 다녔지. 마트에서는 많은 양을 묶어 팔잖아.
그걸 사면 못 먹고 버리는 게 많았어. 포장 쓰레기도 너무 많고, 무엇보다 물건을
사면서 사람 사귀는 맛이 없어서 아쉬웠어. 물건은 많지만 사람을 만날 수가 없었지.

요즘은 마을 시장이 하나둘 없어지고 있어. 이러다가 어린이들이 시장에 한 번도
못 가 보면 어쩌지? 이 재미나고 맛있고 신기한 데를 말이야. 마을에 시장이 있다면
엄마 손 잡고 함께 가 봐. 내 말이 무슨 말인지 알 거야.

이 글을 쓰면서 나는 또 추억에 빠져들어.

엄마가 깨끗하게 빨아서 방바닥 가득 널어놓은 목장갑들,
할머니가 팔고 남은 채소로 만들어 준 반찬들.
내가 못생긴 반찬 싫다고 투정부리면 할머니는
"암시롱도 안 해. 다 농부가 정성껏 키운 거여."
하셨지. 새벽일을 끝내고 아침에 퇴근하던
아빠, 아빠 손에 들려 있는 검정 비닐봉지에
무엇이 들어 있을까 궁금하던 내 어린 시절.

글·그림 **정지혜**

인형 놀이를 무척 좋아하는 어린이였습니다. 종이 인형도 좋아했는데, 색연필로 옷도 그리고, 가방과 신발, 목걸이도 만들었습니다. 지금도 손으로 만들고 꾸미는 것을 좋아합니다. 사진 찍기도 좋아합니다.
요즘은 조카 골려 주기와 바느질에 푹 빠져 있습니다.
대학에서 만화 예술을 공부하고, 게임 회사에서 일했습니다. 그러다 그림 그리는 게 아주 재미나서 어린이 그림책 작가가 되었습니다.
『골목에서 소리가 난다』『나는야, 늙은 5학년』『부슬비 내리던 장날』에 그림을 그렸고, 『다 내 거야!』를 쓰고 그렸습니다.

일과 사람 13 채소 장수

2013년 5월 20일 1판 1쇄
2024년 7월 10일 1판 5쇄

ⓒ정지혜, 곰곰 2013

글·그림 : 정지혜 | 기획·편집 : 곰곰_전미경, 안지혜, 심상진 | 디자인 : 권석연, 남경민 | 제작 : 박홍기
마케팅 : 이병규, 이장열, 김지원 | 홍보 : 조민희 | 출력 : 한국커뮤니케이션 | 인쇄 : 코리아 피앤피 | 제책 : 책다움
펴낸이 : 강맑실 | 펴낸곳 : (주)사계절출판사 | 등록 : 제406-2003-034호
주소 : (우)10881 경기도 파주시 회동길 252
전화 : 031)955-8588, 8558 | 전송 : 마케팅부 031)955-8595 편집부 031)955-8596
홈페이지 : www.sakyejul.net | 전자우편 : picturebook@sakyejul.com
블로그 : blog.naver.com/skjmail | 페이스북 : facebook.com/sakyejulpicture
트위터 : twitter.com/sakyejul | 인스타그램 : sakyejul_picturebook

값은 뒤표지에 적혀 있습니다. 잘못 만든 책은 구입하신 서점에서 바꾸어 드립니다.
사계절출판사는 성장의 의미를 생각합니다. 사계절출판사는 독자 여러분의 의견에 늘 귀 기울이고 있습니다.
이 책은 저작권법에 따라 보호받는 저작물이므로 무단전재와 복제를 금합니다.

ISBN 978-89-5828-672-1 74370   ISBN 978-89-5828-463-5 74370(세트)